D0794605

AUTOBÚS ESCOLAR

DE ALEX SUMMERS

Rourke
Educational Media
rourkeeducationalmedia.com

Escanea el código para
descubrir títulos relacionados
y recursos para los maestros

Actividades para antes y después de leer:

Enfoque de la enseñanza:

Conceptos de impresión: Pida a los estudiantes que busquen las letras mayúsculas y la puntuación en una frase. Pida a los estudiantes que expliquen cuál es el propósito de usarlas en una frase.

Antes de leer:

Construcción del vocabulario académico y conocimiento del trasfondo

Antes de leer un libro, es importante que prepare a su hijo o estudiante usando estrategias de prelectura. Esto les ayudará a desarrollar su vocabulario, aumentar su comprensión de lectura y hacer conexiones durante el seguimiento al plan de estudios.

1. Lea el título y mire la portada. *Haga predicciones acerca de lo que tratará este libro.*
2. Haga un «recorrido con imágenes», hablando de los dibujos/fotografías en el libro. Implante el vocabulario mientras hace el recorrido con las imágenes. Asegúrese de hablar de características del texto tales como los encabezados, el índice, el glosario, las palabras en negrita, los subtítulos, los gráficos/diagramas o el índice analítico.
3. Pida a los estudiantes que lean la primera página del texto con usted y luego haga que lean el texto restante.
4. Charla sobre la estrategia: úsela para ayudar a los estudiantes mientras leen.
   - Prepara tu boca
   - Mira la foto
   - Piensa: ¿tiene sentido?
   - Piensa: ¿se ve bien?
   - Piensa: ¿suena bien?
   - Desmenúzalo buscando una parte que conozcas
5. Léalo de nuevo.

Área de contenido Vocabulario
Utilice palabras del glosario en una frase.

autobús
brillante
filas
subir

Después de leer:

Actividad de comprensión y extensión

Después de leer el libro, trabaje en las siguientes preguntas con su hijo o estudiantes para comprobar su nivel de comprensión de lectura y dominio del contenido.

1. ¿Por qué el personaje principal va en el autobús? *(Resuma).*
2. ¿Cuántas ventanas tiene un autobús escolar? *(Haga preguntas).*
3. ¿Has viajado en un autobús escolar? ¿Cómo fue el viaje? *(Texto para conectar con uno mismo).*
4. ¿Qué deben hacer los demás conductores cuando el autobús se detiene para recoger niños? *(Haga preguntas).*

Actividad de extensión

¡Haz tu propio autobús! Pide a un adulto que dibuje una plantilla con la forma de un autobús escolar. Trázalo en un pedazo de papel amarillo. Córtalo con tijeras. Luego corta los círculos de las ruedas en papel negro. Pégalas a tu autobús y colorea las ventanas y las señales de pare. Pon el nombre de tu escuela a un lado del autobús. También puedes agregar dibujos de ti y de todos tus amigos viajando en el autobús.

Índice

Listo para irme

¡Listo para irme!
¿Cómo llegaré?

Ya sé. Tomaré un autobús escolar.

Es amarillo **brillante.**

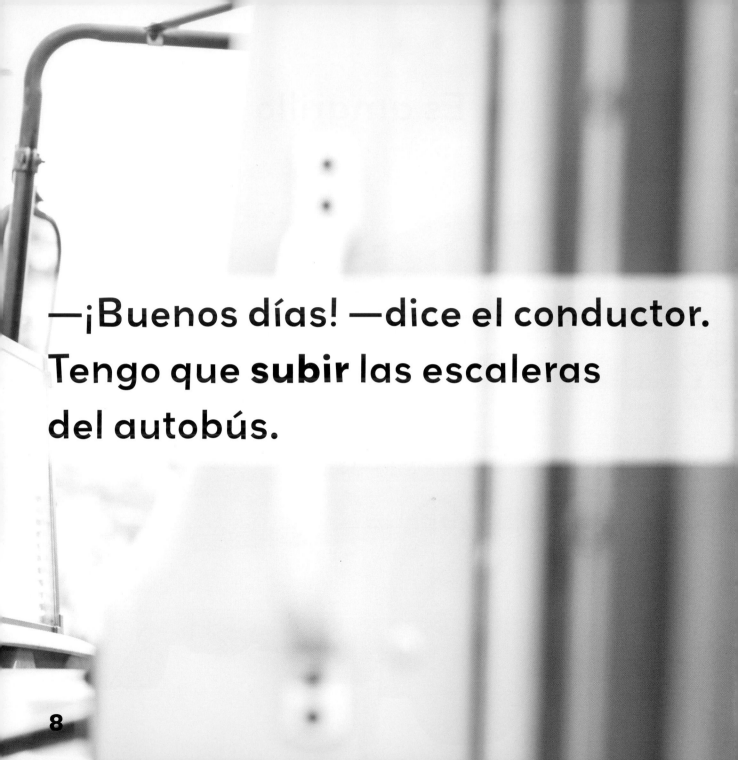

—¡Buenos días! —dice el conductor. Tengo que **subir** las escaleras del autobús.

conductor del autobús

Hay trece **filas** de asientos.
Cada lado tiene trece
ventanas.

asiento

Autobús activo

Paramos para recoger a otros estudiantes. Las señales de pare salen a los lados del autobús.

señal de pare

Los autos se detienen para dejar que todos suban. El conductor cierra la puerta.

No arrancamos hasta que todos están sentados.

Autobuses en la escuela

Llegamos a la escuela.
Otros autobuses están ahí.

El autobús me lleva a la escuela de manera segura. El conductor dice: —¡Que tengan un buen día!

Bajo las escaleras y estoy en camino.

escaleras

22

Glosario fotográfico:

 **autobús**: un vehículo grande para llevar personas, por lo general siguiendo una ruta específica.

 **brillante**: cuando algo es de color brillante, es llamativo y fácil de ver.

 **filas**: las filas son cosas, como los asientos, que están dispuestas en línea recta.

 **subir**: cuando subes algo, avanzas por una pendiente hacia arriba.

Índice analítico

Sitios web (páginas en inglés)

www.mybusgames.com

www.playgamesward.com/busgames.html

www.primarygames.com

Sobre la autora

Alex Summers disfruta de todas las formas de transporte, especialmente si la están llevando a sitios en los que nunca ha estado o no ha visto. ¡Le encanta viajar, leer, escribir y soñar con todos los lugares que visitará algún día!

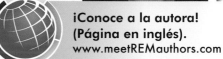

¡Conoce a la autora! (Página en inglés). www.meetREMauthors.com

Library of Congress PCN Data

Autobús escolar / Alex Summers
(¡El transporte y yo!)
ISBN 978-1-64156-315-4 (hard cover - spanish)
ISBN 978-1-64156-003-0 (soft cover - spanish)
ISBN 978-1-64156-084-9 (e-Book - spanish)
ISBN 978-1-68342-160-3 (hard cover - english)
ISBN 978-1-68342-202-0 (soft cover - english)
ISBN 978-1-68342-229-7 (e-Book - english)
Library of Congress Control Number: 2016956524

Rourke Educational Media
Printed in the United States of America,
North Mankato, Minnesota

Editado por: Keli Sipperley
Diseño de tapa por: Tara Raymo
Diseño de interiores por: Rhea Magaro-Wallace
Traducción: Santiago Ochoa
Edición en español: Base Tres

Photo Credits: Cover © matt_dela, Si_Gal, zagar; page 5 © MichaelJung, eyewave, tarasov_vl, Rouzes; page 6, 22 © MichaelJung; page 7 © narvikk; page 8 © monkeybusinessimages; page 11 © Diane Lambombarbe; page 12 © nmaxfield; page 13 © LaserLens; page 15 © Doug Cannell; page 17 © &#169morganl; page 21 © Christopher Futcher